Timm Thaler

oder
Das verkaufte Lachen

Ein Leseprojekt
zu dem
gleichnamigen Jugendbuch
von
James Krüss

erarbeitet
von
Michaela Greisbach

Illustrationen
von
Egbert Herfurth

Cornelsen

Inhaltsverzeichnis

Kapitel 1

1 **D**ie folgende Geschichte handelt

2 von einem Jungen, der Timm Thaler heißt.

3 Es ist auch eine Geschichte vom Lachen

4 und vom Weinen und eine Geschichte vom Wetten!

5 Lies, was der Junge erlebt hat.

6 Timm Thaler war drei Jahre alt, als die Mutter starb.

7 Doch er und sein Vater blieben nicht lange allein.

8 Schon bald nach dem Tod der Mutter heiratete

9 der Vater erneut und Timm bekam

10 eine Stiefmutter. Sie war sehr dünn und hatte

11 ein spitzes Gesicht. Auch sie hatte einen Sohn.

12 Er hieß Erwin, war frech und verwöhnt.

13 Außerdem ärgerte Erwin Timm ständig.

14 Nicht einmal während der Hausaufgaben ließ

15 Erwin ihn in Ruhe. Und jedes Mal wurde Timm

16 bestraft. Sein Stiefbruder Erwin aber nie.

17 Timm war gar nicht glücklich.

18 Wenn seiner Stiefmutter etwas nicht passte,

19 schlug sie ihn.

20 Timms Vater arbeitete auf einer Baustelle und

21 hatte nur sonntags für ihn Zeit. Dann sagte er

22 zu der Stiefmutter: „Wir gehen spazieren."

23 In Wirklichkeit ging er aber mit Timm

24 zur Pferderennbahn. Dort wettete der Vater

25 mit seinem Geld, das er heimlich gespart hatte,

26 auf Pferde. Leider verlor er beinahe

27 jeden Sonntag. Und wenn er doch einmal gewann,

28 dann reichte das Geld gerade für eine Limonade

29 und ein Bier.

30 Timm war es jedoch gleichgültig, ob der Vater

31 die Wetten verlor oder gewann.

32 Er liebte die Sonntage mit seinem Vater

33 auf der Pferderennbahn. Mit ihm hatte Timm Spaß

34 und konnte lachen. Und Erwin und

35 seine Stiefmutter waren dann weit, weit weg.

36 Doch als Timm zehn Jahre alt wurde, geschah

37 etwas Furchtbares. Timms Vater starb.

38 Er wurde auf der Baustelle

39 von einem herabfallenden Brett erschlagen.

40 Timm war traurig. Er vermisste den Vater.

41 Und die Stiefmutter tröstete ihn nicht.

42 Selbst kurz vor der Beerdigung bekam Timm

43 noch Schläge von ihr, weil er ihre Schuhe nicht

44 geputzt hatte.

45 Timm wurde klar: Er hatte jetzt niemanden mehr,

46 der ihn liebte.

Fortsetzung folgt

1. Die Geschichte handelt von einem Jungen.
Wie heißt er?
Kreuze an.

❏ Tom Taler   ❏ Timm Thaler

2. Wie alt ist der Junge, als die Mutter stirbt?
Vervollständige den Satz.

Der Junge ist _____ Jahre alt,
als die Mutter stirbt.

3. Timms Vater heiratet erneut.

a) Sieh dir das Bild auf Seite 7 an.

b) Wer gehört zu Timms neuer Familie?
Ergänze die Nomen (Namenwörter).

> Stiefmutter / Timm / Erwin / Vater

Der Mann auf dem Bild ist Timms _____.

Vor dem Vater steht _T_____. Die Frau

auf dem Bild ist Timms _____.

Vor der Stiefmutter sieht man _____,

Timms Stiefbruder.

4. Nicht alle sind gut zu Timm.

Wer tut was?

Verbinde so, dass die Aussagen stimmen.

Die Stiefmutter		stört Timm bei den Hausaufgaben.
Der Vater		schlägt Timm häufig.
Erwin		unternimmt sonntags etwas mit Timm.

5. Wohin gehen Timm und sein Vater sonntags?
Male das richtige Schild farbig aus.

6. Was passiert bei einem Pferderennen?
Lies den Sachtext.

Das Pferderennen

1 Das Pferderennen gehört
2 zu den ältesten Pferdesportarten.
3 Die Pferde laufen dabei auf einer Rennbahn.
4 Das schnellste Pferd gewinnt das Rennen.
5 Die Zuschauer verfolgen das Rennen
6 vom Rand der Rennbahn aus. Man kann
7 vor einem Rennen wetten, welches Pferd
8 gewinnt. Dafür setzt man Geld ein.

7. Was hast du über Pferderennen erfahren?
Kreuze die richtigen Sätze an.

❏ Das Pferderennen gehört
zu den ältesten Pferdesportarten.
❏ Die Pferde laufen dabei auf einer Wiese.
❏ Das schnellste Pferd gewinnt das Rennen.
❏ Die Zuschauer verfolgen das Rennen
von der Mitte der Rennbahn aus.
❏ Man kann vor einem Rennen wetten,
welches Pferd gewinnt. Dafür setzt man
Geld ein.

8. Was macht der Vater auf der Pferderennbahn?
Ergänze die passenden Verbformen
(das Verb = das Tuwort).

> gespart hat / verliert / wettet

Der Vater _____ mit seinem Geld,

das er heimlich _____,

auf Pferde.

Leider _____ er beinahe

jeden Sonntag seinen Wetteinsatz.

9

9. Warum liebt Timm die Sonntage?
Streiche die falsche Antwort durch.

Timm liebt die Sonntage, weil der Vater
auf der Pferderennbahn viel Geld gewinnen kann.

Timm liebt die Sonntage, weil er dann
mit seinem Vater zusammen sein kann.

10. Wie alt ist Timm, als der Vater stirbt?
Vervollständige den Satz.

Timm ist _____ Jahre alt,
als sein Vater stirbt.

11. Die Stiefmutter tröstet Timm nicht,
sondern schlägt ihn sogar noch.
Was wird Timm klar?
Schreibe auf, was Timm denkt.
Tipp: Lies noch einmal das Ende des Kapitels.

Ich habe jetzt _____

_____ ,

_____ .

10

Kapitel 2

1 Timms Vater wurde an einem Sonntag beerdigt.

2 Timm fühlte sich an diesem Tag sehr einsam.

3 Nach der Beerdigung schlich er davon und irrte

4 allein durch die Straßen. Obwohl er nicht

5 auf den Weg geachtet hatte, stand er plötzlich

6 vor dem Eingang der Pferderennbahn.

7 Das erste Rennen lief bereits. Timm suchte sich

8 einen Platz. Er fühlte sich auf der Rennbahn wohl.

9 Hier war er immer mit dem Vater gewesen, ohne

10 die Stiefmutter und ohne Erwin! Timm lachte

11 vor Freude laut bei diesem Gedanken.

12 Da drehte sich ein Mann, der in der Nähe stand,
13 zu Timm um. Der Mann trug einen karierten Anzug.
14 Er kam auf Timm zu und ging so nahe an ihm
15 vorbei, dass er Timm auf den Fuß trat.
16 „Entschuldige", sagte er.
17 „Das macht nichts", sagte Timm und lachte. „Ich
18 habe sowieso dreckige Schuhe." Er warf
19 einen Blick nach unten. Dabei entdeckte er
20 einen 5-Euro-Schein auf dem Boden.
21 „Na, Timm, willst du wetten?", fragte der Mann
22 im karierten Anzug.
23 Timm betrachtete den Mann genauer.
24 Sein Mund war dünn wie ein Strich und er hatte
25 einen schwarzen Schnurrbart.
26 Mit seinen wasserblauen Augen sah er Timm kalt
27 an.
28 „Ich – ich habe kein Geld zum Wetten", sagte Timm
29 stockend.
30 „Aber, da liegen doch fünf Euro auf dem Boden."
31 Der Mann im karierten Anzug deutete nach unten.
32 „Falls du damit wetten möchtest, nimm
33 diesen Wettschein. Ich habe ihn schon ausgefüllt.
34 *Wotan* wird gewinnen!"
35 „Ich kenne Sie ja gar nicht", sagte Timm leise und
36 fragte sich, warum der Mann seinen Namen kannte.
37 „Aber ich weiß sehr viel von dir", erklärte der Mann
38 im karierten Anzug. „Ich kannte deinen Vater."

39 Timm hob den 5-Euro-Schein auf und nahm
40 den ausgefüllten Wettschein. Dann ging er
41 zum Wettschalter. Als er kurz darauf
42 zu seinem Platz zurückkam, war der Mann
43 verschwunden.
44 Timm verfolgte nun gespannt das Rennen.
45 Und am Ende gewann tatsächlich Wotan,
46 das Pferd, auf das Timm gesetzt hatte.
47 Timm zeigte seinen Wettschein noch einmal
48 am Wettschalter vor und bekam viel Geld
49 ausgezahlt. Stolz steckte er die Scheine
50 in seine Jackentasche und verließ die Rennbahn.
51 An der Straßenbahnhaltestelle traf Timm
52 den Mann im karierten Anzug wieder.
53 „Warum passt du nicht auf? Jetzt hast du
54 keinen Cent mehr", sagte der Mann.
55 Timm lachte. Er steckte die Hand in die Tasche
56 und wollte seinen Gewinn zeigen. Aber die Tasche
57 war leer. Das Geld war weg.
58 „Das passiert dir, wenn du nicht auf Taschendiebe
59 aufpasst", sagte der Mann.
60 „Komm nächsten Sonntag wieder. Vielleicht hast
61 du dann mehr Glück."

Fortsetzung folgt

1. An welchem Wochentag wird Timms Vater beerdigt?
Kreuze an.

❑ am Freitag ❑ am Samstag ❑ am Sonntag

2. Timm fühlt sich einsam.
Was macht er nach der Beerdigung?
Unterstreiche den passenden Satz farbig.

Timm geht mit der Stiefmutter und Erwin
nach Hause.

Timm irrt allein durch die Straßen.

3. Was passiert später auf der Pferderennbahn?
Nummeriere die Sätze
in der richtigen Reihenfolge.

☐ Der Mann kommt auf ihn zu.

☐ Er geht so nah an Timm vorbei,
dass er Timm auf den Fuß tritt.

☐ Ein Mann dreht sich zu Timm um.

☐ Timm lacht laut.

4. **Schreibe die Sätze von Aufgabe 3 in der richtigen Reihenfolge auf die Linien.**

_____

_____

_____

_____

_____

5. **Was sagt der Mann zu Timm?**
   Und was erwidert Timm?
   Schreibe in die Sprechblasen.

E_____!

Das macht _____.

Ich habe sowieso

dreckige _____.

6. Timm erhält einen Wettschein.
Lies den Sachtext.

> **Wie wettet man auf Pferde?**
>
> 1 Wer auf ein Pferd wettet, muss **Geld**
> 2 **als Wetteinsatz** zahlen und einen **Wettschein**
> 3 **ausfüllen.** Darauf steht zum Beispiel:
> 4 – der **Name des Pferdes,** auf das man wettet,
> 5 – der Geldbetrag, den man eingesetzt hat.
> 6 Wenn man die Wette gewinnt, bekommt man
> 7 Geld ausgezahlt. Wie viel Geld man gewinnt,
> 8 richtet sich nach der **Anzahl der Gewinner.**
> 9 Je weniger Personen auf ein Pferd gesetzt
> 10 haben, desto höher wird der Gewinn sein.

7. Wie wettet man auf Pferde?
Erkläre in der Klasse.

8. Ergänze Timms Wettschein.
Tipp: Lies noch einmal Seite 12.

Wettschein für Rennen 321

Name des Pferdes: _____

Höhe des Wetteinsatzes: ☐ Euro

16

9. Wie sieht der fremde Mann aus?
Ergänze die passenden Adjektive (Wiewörter).
Tipp: Wenn du nicht weiterweißt,
lies noch einmal Seite 12.

Der Mann trägt einen _____ Anzug.
karierten / gestreiften

Sein Mund ist _____ wie ein Strich und
krumm / dünn

er hat einen _____ Schnurrbart.
schwarzen / rötlichen

Die Augen des Mannes sind _____ .
grasgrün / wasserblau

10. Wie wirkt der fremde Mann wohl auf Timm?

a) Kreuzt die passenden Adjektive an.

❑ freundlich   ❑ unfreundlich
❑ langweilig   ❑ geheimnisvoll

b) Vergleicht eure Lösungen in der Klasse.

11. Timm verliert das gewonnene Geld.
Wie konnte das passieren?
Stellt Vermutungen in der Klasse an.

Kapitel 3

1   **D**ie Vorstellung, noch einmal beim Wetten

2   zu gewinnen, gefiel Timm. Und er konnte es kaum

3   erwarten, wieder zur Rennbahn zu gehen.

4   Als endlich Sonntag war, schlich Timm

5   am Nachmittag heimlich aus der Wohnung und

6   rannte ohne Umwege zur Pferderennbahn.

7   Am Eingang stand der Mann im karierten Anzug.

8   Er lud Timm zu einer Limonade in den Biergarten

9   ein. Freundlich blickte er Timm an. Er lächelte

10   dabei aber nicht. Wenn Timm genauer hingesehen

11   hätte, hätte er bemerkt, dass der Mann diesmal

12 braune Augen hatte. Doch Timm fiel das nicht auf.

13 „Möchtest du gern öfter Wetten gewinnen, Timm?",

14 fragte der Mann.

15 Timm nickte.

16 „Ich biete dir etwas an: Wenn du willst,

17 kannst du *jede* Wette gewinnen, nicht nur

18 auf der Pferderennbahn! Natürlich ist das nicht

19 umsonst zu haben. Das verstehst du sicher."

20 Wieder nickte Timm. Dann fragte er unsicher:

21 „Was verlangen Sie dafür?"

22 Für einen Augenblick zögerte der Mann.

23 „Ich verlange dein Lachen", sagte er schließlich.

24 „Mehr nicht?", fragte Timm und lachte laut.

25 „Also, einverstanden?", fragte der Mann.

26 Timm fiel die Stiefmutter ein. Ohne den Lohn

27 von Timms Vater hatte sie für sich und die Kinder

28 nur wenig Geld.

29 „Ich bin einverstanden", erklärte Timm schließlich.

30 Im nächsten Moment zog der Mann

31 mit dem karierten Anzug etwas aus der Tasche.

32 „Hier ist der Vertrag. Lies ihn dir genau durch!"

33 Timm las:

34 *1. Herr Timm Thaler überlässt hiermit*

35 *Herrn Baron sein Lachen.*

36 *2. Dafür sorgt Herr Baron dafür,*

37 *dass Herr Timm Thaler jede Wette gewinnt.*

38 *3. Die Vertragspartner dürfen niemandem*

39 *von dem Vertrag erzählen.*

40 *4. Sollte Herr Timm Thaler eine Wette verlieren,*

41 *so muss das Lachen zurückgegeben werden.*

42 „Und wenn ich aus Versehen doch jemandem

43 von dem Vertrag erzähle?", fragte Timm.

44 „Dann behalte ich dein Lachen für immer. Aber

45 Wetten gewinnst du dann nicht mehr."

46 Timm sah auf das Papier. Der Mann hatte bereits

47 unterschrieben. Sein Name war *Baron.*

48 Timm überlegte. Geld konnte seine Stiefmutter

49 wirklich gut gebrauchen. Vielleicht würde sie ihn

50 dann auch nicht mehr schlagen.

51 Timm unterschrieb den Vertrag.

52 Und kaum war dies getan, lachte Herr Baron laut.

53 Timm versuchte ebenfalls zu lachen. Aber er

54 konnte nicht einmal lächeln. Sein Mund blieb

55 gerade wie ein Strich.

56 Der Mann im karierten Anzug gab Timm

57 einen 10-Euro-Schein und sagte: „Das wird

58 der Anfang deines Reichtums sein."

Fortsetzung folgt

1. Was geschieht an diesem Sonntag?

a) Streiche alle Sätze durch, die nicht stimmen.

b) Schreibe die richtigen Sätze der Reihe nach in dein Heft.

Timm schleicht aus der Wohnung.
Timm fragt die Stiefmutter, ob er
zur Pferderennbahn gehen darf.

Er schlendert gemütlich zur Pferderennbahn.
Er rennt ohne Umwege zur Pferderennbahn.

Vor dem Wettschalter steht der Mann
im karierten Anzug.
Am Eingang der Rennbahn steht der Mann
im karierten Anzug.

Die beiden setzen sich in einen Biergarten.
Die beiden setzen sich in ein Wirtshaus.

2. Was fällt Timm nicht auf?
Vervollständige den Satz.
Tipp: Lies noch einmal die Seiten 18 und 19.

Timm fällt dies nicht auf: Beim ersten Treffen

hatte der Mann wasserblaue Augen, diesmal

sind die Augen _____.

3. Was schlägt der Mann Timm vor?
Vervollständige den Satz.

Timm kann von nun an jede [ ] gewinnen.

Dafür verkauft er Herrn Baron sein [ ].

4. Was bedeutet es, einen Vertrag zu schließen?
Lies den Sachtext.

> Einen Vertrag schließen
>
> 1 Man kann einen Vertrag **mündlich** oder
> 2 **schriftlich** schließen. An einem Vertrag
> 3 können **zwei oder mehrere Personen oder**
> 4 **Firmen** beteiligt sein.
> 5 An den geschlossenen Vertrag müssen sich
> 6 alle beteiligten Vertragspartner halten.

5. Beantworte die folgenden Fragen
mit vollständigen Sätzen.
Schreibe in dein Heft.

– Wie kann man einen Vertrag schließen?
– Wie viele Personen können an einem Vertrag
beteiligt sein?

6. Was steht in dem Vertrag, den Timm liest?
Kreuze an.

	richtig	falsch
Herr Thaler überlässt Herrn Baron sein Lachen.	❏	❏
Herr Baron gibt Herrn Thaler dafür 1000 Euro.	❏	❏
Herr Baron sorgt dafür, dass Herr Thaler jede Wette gewinnt.	❏	❏
Die Vertragspartner dürfen jedem von dem Vertrag erzählen.	❏	❏
Wenn Herr Timm Thaler eine Wette verliert, muss Herr Baron das Lachen zurückgeben.	❏	❏

7. Was passiert, wenn Timm jemandem
von dem Vertrag erzählt?
Ergänze die Antwort.

Wenn Timm jemandem von dem Vertrag erzählt,

behält Herr Baron _____ für immer.

23

Kapitel 4

1 Timm ging mit dem 10-Euro-Schein, den ihm
2 Herr Baron gegeben hatte, zum Wettschalter.
3 Ohne weiter zu überlegen, wettete er
4 auf das Pferd mit dem Namen *Prinz*. Wenn
5 Herr Baron ihn nicht betrogen hatte, musste
6 dieses Pferd das nächste Rennen gewinnen.
7 Das Rennen begann und Timm verfolgte es
8 gespannt.

9 Tatsächlich gewann Prinz das Rennen. Timm holte

10 sich seinen Gewinn am Wettschalter ab. Er hatte

11 400 Euro gewonnen. Hastig stopfte er die Scheine

12 in seine Hosentasche. Dann verließ er

13 die Rennbahn.

14 Timm war aufgeregt und glücklich zugleich.

15 Auf dem Weg nach Hause überlegte er, was er

16 mit dem Geld alles machen konnte. Er wollte

17 das Grab des Vaters verschönern, der Stiefmutter

18 und Erwin ein Geschenk machen ... und sich selbst

19 konnte er ebenfalls etwas kaufen.

20 Timm bog um eine Ecke und sah drei Mitschüler.

21 Die Jungen kamen ihm entgegen. Der eine fragte:

22 „Was hältst du denn da in der Hosentasche

23 versteckt, Timm?"

24 Ein Zweiter riss ihm die Hand aus der Tasche.

25 Im nächsten Moment flogen Timms Geldscheine

26 durch die Luft.

27 „Woher hast du das viele Geld?", fragte

28 der dritte Junge.

29 „Ich hab es an der Tankstelle geklaut", sagte Timm

30 im Scherz und wollte lachen. Doch sein Lachen

31 wurde bloß ein freches Grinsen, sodass

32 die drei Jungen wegliefen und riefen: „Timm Thaler

33 hat Geld gestohlen! Timm Thaler ist ein Dieb!"

34 Traurig sammelte Timm die Geldscheine wieder ein

35 und steckte sie in die Tasche.

36 Erst als es schon dunkel wurde, ging er nach Hause.

37 Die Stiefmutter stand in der Tür. Als sie Timm sah,

38 schlug sie ihn erst einmal ins Gesicht.

39 „Wo ist das gestohlene Geld?", fragte sie aufgeregt.

40 „Das gestohlene Geld?", fragte Timm fassungslos.

41 Wieder wurde er geschlagen.

42 „Gib endlich das Geld her, du Dieb!" Die Stiefmutter

43 zerrte Timm in die Küche.

44 Er zog das Geld aus der Tasche und legte es

45 auf den Tisch.

46 Zum Glück kamen in diesem Augenblick

47 die Nachbarin und Erwin herein.

48 „Die Tankstelle ist gar nicht überfallen worden!",

49 rief die Nachbarin. „Dort fehlt kein Cent!"

50 Plötzlich begriff Timm. Seine Mitschüler glaubten,

51 dass er das Geld wirklich gestohlen hatte. Und sie

52 hatten es sofort weitererzählt.

53 Was sollte er jetzt der Stiefmutter sagen?

54 Von dem Vertrag durfte er nichts erzählen.

55 Sonst verlor er sein Lachen für immer!

56 „Aber ich habe das Geld doch

57 auf der Pferderennbahn gewonnen", sagte er leise.

58 Dann zog er den Wettschein aus der Tasche und

59 legte ihn neben das Geld.

Fortsetzung folgt

1. **Timm gewinnt seine erste Wette.**
   Er überlegt, was er mit dem gewonnenen Geld
   machen kann.
   Was nimmt er sich vor?
   Kreuze die passenden Sätze an.

   ❑ Er will seinem Lehrer ein Geschenk kaufen.
   ❑ Er möchte das Grab des Vaters verschönern.
   ❑ Er plant, mit Freunden Eis essen zu gehen.
   ❑ Er nimmt sich vor, das Geld zu verstecken.
   ❑ Er will der Stiefmutter ein Geschenk machen.
   ❑ Er möchte ein Geschenk für Erwin besorgen.
   ❑ Er plant, das Geld zur Bank zu bringen.
   ❑ Er will sich selbst etwas kaufen.

2. **Stell dir vor, du gewinnst unerwartet viel Geld.**
   Was würdest du mit dem Geld machen?
   Beantworte die Frage
   mit einem vollständigen Satz.
   Tipp: Am Ende eines Satzes steht ein Punkt.

   Ich würde _____

   _____

   _____

3. Timm trifft drei Mitschüler.
   Was passiert?
   Spielt die Szene in der Klasse vor.

a) Lest noch einmal gemeinsam in der Klasse
   auf Seite 25, die Zeilen 20 bis 35.

b) Verteilt die vier Rollen von Timm Thaler und
   den drei Mitschülern.

c) Sprecht beim Vorspielen den folgenden Satz
   von Timm mit einem ernsten Gesicht oder
   mit einem bösen Grinsen aus.

   „Ich habe das Geld an der Tankstelle geklaut."

4. Was bewirkt ein ernster Blick
   oder ein böses Grinsen?
   Wie wirkt ein Lächeln oder ein Lachen?
   Beobachtet euer Spiel.

a) Spielt die Szene noch einmal.

b) Spielt die Szene anders.
   Sprecht den Satz von Timm nun
   mit einem Lächeln oder einem Lachen aus.

c) Was habt ihr beobachtet?
   Sprecht in der Klasse darüber.

5. **Die Stiefmutter schlägt Timm.**
   Wer könnte Timm helfen?
   Ergänze die passenden Anfangsbuchstaben.

   L / P / J / L   die ▮olizei, das ▮ugendamt,

   der ▮ehrer, die ▮ehrerin

6. **Die Stiefmutter denkt, Timm hat gestohlen.**
   In einem Gespräch klärt sich die Sache auf.
   Ergänze die passenden Verbformen.

   schreit / fragt / ruft / sagt / fragt

   „Wo ist das gestohlene Geld?", _____

   die Stiefmutter aufgeregt.

   „Das gestohlene Geld?", _____ Timm.

   „Gib endlich das Geld her, du Dieb!", _____

   die Stiefmutter.

   „Die Tankstelle ist nicht überfallen worden!",

   _____ die Nachbarin.

   „Aber ich habe das Geld doch beim Pferderennen

   gewonnen", _____ Timm leise.

Kapitel 5

1 **T**imms Stiefmutter nahm das Geld, das Timm

2 gewonnen hatte. Timm musste nun

3 gemeinsam mit ihr und Erwin jeden Sonntag

4 zur Pferderennbahn wetten gehen.

5 Die Stiefmutter konnte Timms Glück kaum fassen.

6 Jede Wette gewann der Junge!

7 Timm aber machte das Wetten keinen Spaß mehr.

8 Deshalb stellte er sich am nächsten Sonntag krank.

9 Die Stiefmutter und Erwin gingen also allein

10 zur Rennbahn. Aber sie hatten nicht viel Glück.

11 Sie gewannen nur ein paar Euro.

12 Deshalb musste Timm wieder mit

13 zum Pferderennen gehen. Sonntag für Sonntag

14 gewann er nun immer größere Summen.

15 Trotzdem bekam Timm nur sehr wenig Taschen-

16 geld von der Stiefmutter.

17 Er versteckte das Taschengeld, um sich

18 eines Tages davon einen Wunsch zu erfüllen.

19 Das viele gewonnene Geld veränderte

20 die Stiefmutter. Sie ging sogar ihren Freundinnen

21 aus dem Weg, weil sie nicht mit ihnen gesehen

22 werden wollte. Denn sie fand, dass

23 die Freundinnen schlecht gekleidet waren.

24 Erwin veränderte sich ebenfalls. Er dachte nur

25 noch an Sachen, die er sich kaufen wollte.

26 Timm jedoch wurde von Tag zu Tag trauriger.

27 Weil er nie mehr mit den Schulfreunden lachte,

28 hielten sie ihn für arrogant. Keiner der Freunde

29 wollte mehr etwas mit ihm zu tun haben.

30 Da beschloss Timm, nicht mehr auf der Rennbahn

31 zu wetten. Selbst Schläge und gutes Zureden

32 änderten seine Meinung nicht.

33 Timm lief nun oft durch die Stadt und suchte

34 nach Herrn Baron. Er wollte gern

35 auf allen Reichtum verzichten und lieber

36 sein Lachen zurückbekommen. Timm hatte

37 gemerkt: Es gab wichtigere Dinge im Leben

38 als Geld. Doch die Jahre vergingen, ohne dass er
39 Herrn Baron fand.

40 Als Timm 14 wurde, sagte seine Stiefmutter:
41 „Timm, das Beste ist, du suchst dir Arbeit
42 auf der Pferderennbahn! Da kannst du nebenbei
43 auch mal wieder wetten.“
44 „Ich will aber nicht auf der Rennbahn arbeiten.
45 Ich will als Schiffsjunge durch die Welt reisen“,
46 sagte Timm.
47 Da wurde die Stiefmutter zornig. „Du willst uns
48 nur allein lassen! Du denkst gar nicht
49 an deine Familie. Du kannst nicht einmal mehr
50 mit uns lachen!“, rief sie wütend.
51 Der letzte Satz, den die Stiefmutter gesagt hatte,
52 machte Timm besonders traurig. Er wäre
53 am liebsten davongerannt. Doch dann sagte er
54 ruhig: „Gib mir nächsten Sonntag Geld, dann
55 wette ich noch einmal für euch.“
56 Timm beschloss, die Stiefmutter und Erwin
57 nach der Wette zu verlassen. Er wollte
58 Schiffsjunge werden. Aber vor allem wollte er
59 Herrn Baron suchen, um sein Lachen
60 zurückzugewinnen.

Fortsetzung folgt

1. Timm gewinnt jede Wette.
   Warum ist er dennoch unglücklich?
   Schreibe die passenden Wörter in die Lücken.

Timm muss _____ mit der Stiefmutter
einmal / jeden Sonntag

und Erwin zur Pferderennbahn.

Er hat _____ Spaß beim Wetten.
großen / keinen

Timm gewinnt immer _____ Summen.
kleinere / größere

Aber er bekommt _____ Taschengeld.
wenig / viel

2. Wie verändert der Reichtum die Stiefmutter und
   Erwin?

a) Verbinde so, dass die Aussagen stimmen.

Die Stiefmutter geht ihren Freundinnen aus dem Weg,	die er sich kaufen will.
Erwin denkt nur an Sachen,	weil sie nicht mehr mit ihnen gesehen werden will.

b) Schreibe die Sätze in dein Heft.

3. Weil Timm nie mit den Schulfreunden lacht, halten sie ihn für „arrogant".

a) Was bedeutet das Adjektiv „arrogant"? Schlage in einem Wörterbuch nach.

b) Ergänze ein anderes Adjektiv, das dieselbe Bedeutung hat.

Die Schulfreunde halten Timm für arrogant, also

für _____ .

4. Was ist euch wichtiger als Geld? Sprecht in der Klasse darüber.

5. Timm ist 14 Jahre alt. Früher konnte man die Schule mit 14 verlassen. Was **soll** Timm nun tun? Was aber **möchte** er tun? Ergänze die Sätze.

Timm _____ nach Wunsch der Stiefmutter auf der Pferderennbahn arbeiten. Dann kann er nebenbei Wetten abschließen.

Timm _____ Schiffsjunge werden. Er will dann Herrn Baron suchen, um sein Lachen zurückzugewinnen.

Kapitel 6

1 **A**ls der nächste Sonntag kam, war die Stiefmutter
2 schon beim Frühstück aufgeregt.
3 „Ich bin so gespannt, ob wir heute gewinnen",
4 sagte sie. „Weißt du schon, auf welches Pferd du
5 setzt, Timm?"
6 „Nein", sagte Timm.
7 „Ja, machst du dir denn noch keine Gedanken?",
8 fragte sie nervös.

9 „Timm weiß schon, was er tut", sagte Erwin.

10 Nach dem Frühstück fuhren die drei in einem Taxi

11 zum Rennplatz. Die Stiefmutter wollte gleich

12 zum Schalter gehen.

13 „Ich muss mich erst einmal etwas umsehen",

14 sagte Timm und schlenderte allein über den Platz.

15 Plötzlich stellte sich ein Mann neben Timm.

16 Timm blickte von der Liste auf, die er in der Hand

17 hielt. Auf der Liste standen die Namen der Pferde,

18 die am Rennen teilnahmen.

19 „Auf Südwind scheint niemand zu setzen",

20 bemerkte der Fremde. Er hatte ungewöhnlich

21 wasserblaue Augen. „Willst du auch wetten?"

22 „Ja", sagte Timm. „Und zwar auf Südwind."

23 „Aber Südwind hat noch nie ein Rennen

24 gewonnen."

25 „Wir werden sehen", entgegnete Timm.

26 Er wollte lachen. Aber es ging nicht. Ernst und

27 ein wenig traurig sah er den Fremden an.

28 „Ich heiße Kreschimir", sagte der Fremde. „Ich

29 weiß, dass du auf diesem Rennplatz noch nie

30 eine Wette verloren hast. Darf ich dich etwas

31 fragen?"

32 Timm blickte den Fremden an. Er erinnerte ihn

33 an jemanden. Aber er wusste nicht, an wen.

34 „Fragen Sie", sagte Timm.

35 „Warum lachst du niemals? Magst du nicht?

36

36 Oder kannst du nicht?"

37 Damit hatte Timm nicht gerechnet. Wer war

38 dieser Mann? Hatte Herr Baron ihn vielleicht

39 geschickt, um ihn zu prüfen?

40 „Dein Schweigen sagt mir genug", erklärte

41 der Fremde nun geheimnisvoll. „Vielleicht kann

42 ich dir einmal helfen. Vergiss also meinen Namen

43 nicht." Dann verschwand er.

44 Verwirrt ging Timm zum Wettschalter. Er setzte

45 das Geld der Stiefmutter auf Südwind. Aber er war

46 unsicher. Wusste der Fremde von dem Vertrag?

47 Hatte Timm sich durch sein Schweigen verraten?

48 Erleichtert verfolgte Timm, wie Südwind

49 das Rennen gewann.

Fortsetzung folgt

1. **Timm liest die Namen der Rennpferde.**
   Auf welches Pferd setzt Timm?
   Kreuze den richtigen Namen an.

   ❑ Roter Tiger   ❑ Wotan   ❑ Kastor
   ❑ Prinz   ❑ Südwind   ❑ Westwind

2. **Ein Fremder spricht Timm an.**
   Wie wird der fremde Mann beschrieben?
   Beantworte die Frage
   mit einem vollständigen Satz.
   Tipp: Lies Seite 36, die Zeilen 20 bis 21.

   Der Fremde hat _____

   _____ .

3. **Der fremde Mann erinnert Timm an jemanden.**
   Wer könnte das sein?
   Sprecht in der Klasse darüber.

4. **Wie heißt der Fremde?**
   Ergänze die fehlenden Vokale (Selbstlaute).

   Der Fremde heißt | K | r | | s | c | h | | m | | r | .

5. Welches Pferd gewinnt das Rennen?
Schreibe den Namen auf die Linie.

1. Preis
für

_____

6. Was rät Herr Kreschimir Timm?
Vervollständige die wörtliche Rede.

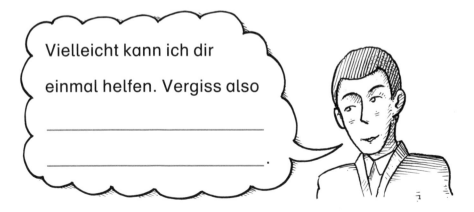

Vielleicht kann ich dir

einmal helfen. Vergiss also

_____

_____ .

Kapitel 7

Von deinem Sohn Timm, der dich nie vergisst.

1 **W**ährend die Stiefmutter und Erwin den Gewinn
2 am Wettschalter abholten, fuhr Timm
3 mit der Straßenbahn nach Hause. Er holte
4 das gesparte Taschengeld aus dem Versteck
5 hervor und packte die nötigsten Sachen
6 in eine Tasche.
7 Plötzlich hörte er die Stiefmutter und Erwin.
8 „Sind wir jetzt sehr reich?", fragte Erwin aufgeregt.

9 „Wir haben hundertundvierzigtausend Euro

10 gewonnen!", rief die Stiefmutter und jauchzte

11 vor Freude.

12 „Nun", dachte Timm ganz ruhig, „dann brauchen

13 die beiden mich sicher nicht mehr."

14 Er schlich aus dem Haus. So leise wie möglich

15 schloss er die Tür hinter sich.

16 Dann rannte er zum Friedhof am Rand der Stadt.

17 Er wollte sich endlich seinen größten Wunsch

18 erfüllen: einen Stein für das Grab des Vaters.

19 Am Eingang des Friedhofs stand ein Wärter.

20 Timm fragte: „Kann ich bei Ihnen einen Grabstein

21 kaufen?"

22 „Nein, da musst du schon zu einem Steinmetz

23 gehen. Aber der hat sonntags geschlossen.

24 Und auf dem Friedhof wird am Sonntag auch nicht

25 gearbeitet", brummte der Wärter.

26 „Wollen wir wetten, dass mein Vater auch

27 am Sonntag einen Grabstein bekommt?", fragte

28 Timm. „Darauf steht in Goldbuchstaben:

29 *Von deinem Sohn Timm, der dich nie vergisst.*"

30 „Die Wette hast du schon verloren."

31 „Ich wette trotzdem, um eine Tafel Schokolade."

32 „Das ist die verrückteste Wette, von der ich je

33 gehört habe", murmelte der Wärter.

34 „Meinetwegen."

35 Die beiden gingen zum Grab von Herrn Thaler.

36 Schon von weitem sahen sie drei Männer am Grab
37 stehen. Der Friedhofswärter ging schneller.
38 „Das darf doch wohl nicht ..." Er schnaufte
39 verärgert.
40 Auf dem Grab stand ein Stein. Die drei Arbeiter
41 hatten ihn kurz zuvor aufs Grab gesetzt.
42 Die Arbeiter zeigten dem Wärter einen Zettel.
43 Es war eine Sondererlaubnis, auch sonntags
44 auf dem Friedhof arbeiten zu dürfen.
45 „Das Geld soll von einem gewissen Timm Thaler
46 bezahlt werden", fügte einer der Männer hinzu.
47 „Stimmt", sagte Timm. „Hier ist das Geld."
48 Der Wärter ging knurrend zum Eingang zurück.
49 Die Arbeiter packten ihre Werkzeuge ein und
50 ließen Timm allein.
51 Timm stand vor dem Grabstein. Er freute sich.
52 Sogar der Text, den er sich gewünscht hatte,
53 stand auf dem Stein. Dann wurde er traurig.
54 Wohin sollte er nun gehen? Er wusste es nicht.
55 Nur eins war sicher:
56 Er wollte sein verkauftes Lachen zurückhaben!

Fortsetzung folgt

1. Was macht Timm nach dem Pferderennen?

a) Lies den Text.

Timm fährt mit der nach Hause.

Er holt das gesparte aus dem Versteck.

Später schleicht er aus dem . So leise

wie möglich schließt er die hinter sich.

b) Schreibe den Text in dein Heft.
Ersetze dabei die Bilder durch passende Nomen.

2. Wie viel Geld hat Timm für die Stiefmutter
gewonnen?
Schreibe den Betrag als Zahl auf.
Tipp: Lies noch einmal Seite 41.

Timm hat ☐☐☐☐☐ Euro für die Stiefmutter

gewonnen.

3. Welchen Wunsch will sich Timm erfüllen?
Vervollständige den Satz.

Timm will einen _____
Baum / Grabstein

auf das Grab des Vaters setzen lassen.

43

4. Wozu gibt es Grabsteine?
Lies den Sachtext.

> Grabsteine
>
> 1 Ein **Grabstein** ist ein Stein, der
> 2 auf einem Grab steht. Er soll **an den**
> 3 **verstorbenen Menschen erinnern.**
> 4 Meistens stehen der **Name des Toten,**
> 5 das **Geburtsdatum** und das **Sterbedatum**
> 6 auf dem Stein. Manchmal ist auch ein **Spruch**
> 7 darauf zu lesen. So genannte **Steinmetze**
> 8 fertigen Grabsteine an.

5. Was kann auf einem Grabstein stehen?
Schreibe in Stichworten auf die Linien.

der Name des _T_____,

das _____,

das _____, ein _____

6. Wer fertigt Grabsteine an?
Ergänze den Satz.

_St_____ fertigen Grabsteine an.

44

Kapitel 8

1 **T**imm kaufte von seinem letzten Geld eine Karte

2 für die Straßenbahn.

3 Außer Timm saß nur ein älterer Mann

4 in dem Wagen.

5 „Wohin fährst du?", fragte er Timm.

6 „Zum Bahnhof", antwortete der Junge.

7 „Aber dann musst du umsteigen. Diese Bahn fährt

8 nicht zum Bahnhof."

9 Timm hatte plötzlich eine Idee: Wenn er

10 eine völlig unsinnige Wette abschließen würde,

11 eine Wette, die er verlieren musste, dann würde er
12 sein Lachen zurückbekommen.
13 „Ich wette mit Ihnen, dass diese Straßenbahn doch
14 zum Bahnhof fährt!", sagte Timm.
15 Der Mann lachte. „Diese Wette hast du jetzt schon
16 verloren! Um was willst du denn wetten?"
17 „Um eine Fahrkarte nach Hamburg!"
18 „Nach Hamburg kann ich dich auch so mitnehmen",
19 sagte der Mann. „Ich habe nämlich schon
20 zwei Fahrkarten gekauft. Der Mann, der mich
21 begleiten wollte, musste absagen."
22 „Trotzdem möchte ich mit Ihnen wetten", sagte
23 Timm.
24 „Na gut. Wetten wir. Aber ich warne dich:
25 Du verlierst die Wette, Junge! Wie heißt du denn?"
26 „Timm Thaler."
27 „Ich heiße Rickert."
28 Plötzlich hielt die Straßenbahn. Eine Durchsage
29 ertönte. „Wegen einer Straßensperrung kann
30 die Bahn heute nicht die gewohnte Strecke fahren.
31 Die Straßenbahn fährt heute zum Bahnhof."
32 „Donnerwetter! Du hast die Wette gewonnen,
33 Timm!" Herr Rickert lachte. „Du hast bestimmt
34 gewusst, dass die Strecke gesperrt ist?"
35 Traurig schüttelte Timm den Kopf.
36 Herr Rickert überreichte ihm die Zugfahrkarte
37 nach Hamburg.

38 Als sie später im Zug saßen, fragte Herr Rickert:

39 „Was willst du eigentlich in Hamburg?"

40 „Ich will auf einem Schiff arbeiten."

41 „Timm, da hast du schon wieder Glück! Ich arbeite

42 für Herrn Baron und leite eine seiner Reedereien.

43 Ich kann dir sicher einen Job verschaffen.

44 Vielleicht als Schiffsjunge."

45 Timm war blass geworden, als er den Namen

46 *Baron* gehört hatte. Er bedankte sich

47 für das Angebot. Dann fragte er:

48 „Dieser Herr Baron ist wohl sehr reich?"

49 „Oh ja, sehr reich! Er macht überall auf der Welt

50 Geschäfte."

51 „Lebt der Herr Baron denn in Hamburg?"

52 „Er ist heute in Hamburg, morgen in Rom und

53 übermorgen schon in Hongkong. Aber eigentlich

54 wohnt er in einem Schloss in Schottland."

55 „Sie kennen ihn wohl sehr gut?"

56 „Niemand kennt ihn gut, Timm. Er verändert sich

57 auch ständig. Ich erkenne ihn manchmal gar nicht

58 wieder. Sogar seine Augenfarbe scheint er

59 zu wechseln. Und früher lachte er nie. Aber wenn

60 wir uns jetzt treffen, hört er gar nicht mehr auf

61 zu lachen."

62 Timm wusste natürlich, warum Herr Baron

63 plötzlich lachen konnte. Doch er schwieg.

Fortsetzung folgt

1. Welche Wette bietet Timm dem Mann an?
Schreibe in die Sprechblase.

Ich wette mit Ihnen, dass

_____

_____

_____

2. Was hofft Timm insgeheim?
Ergänze die Sätze.

Timm hofft, dass er die Wette _____ .

gewinnt / verliert

Dann bekommt er nämlich sein _L_____ zurück.

3. Worum wettet Timm?
Kreuze an.

❏ um Geld ❏ um eine Fahrkarte nach Berlin
❏ um ein Eis ❏ um eine Fahrkarte nach Hamburg

4. Welche Strecke fährt die Straßenbahn?
Vervollständige den Satz.

Die Straßenbahn fährt _____ .

die gewohnte Strecke / zum Bahnhof

5. **Timm fährt mit dem Mann nach Hamburg.**
   Was erfährt er über den Mann?
   Unterstreiche die richtigen Sätze farbig.

Der Mann, mit dem Timm nach Hamburg fährt,
heißt Herr Rickers.
Der Mann, mit dem Timm nach Hamburg fährt,
heißt Herr Rickert.

Er kann Timm Arbeit auf einem Schiff verschaffen.
Er kann Timm Arbeit am Flughafen verschaffen.

Herr Baron arbeitet für den Mann.
Der Mann arbeitet für Herrn Baron.

6. **Was erfährt Timm über Herrn Baron?**
   Schreibe die passenden Wörter in die Lücken.

Herr Baron ist ein sehr _____ Mann.
armer / reicher

Er macht _____ auf der Welt Geschäfte.
nirgends / überall

Er reist sehr _____ herum.
wenig / viel

Wenn er mal nicht reist, wohnt er

in einem _____ in Schottland.
Schloss / Hotel

49

7. Herr Baron besitzt mehrere Reedereien.
Lies den Sachtext.

> **Was ist eine Reederei?**
>
> 1 Eine **Reederei** ist ein **Unternehmen,**
> 2 das **Schiffe** besitzt. Die Schiffe einer Reederei
> 3 transportieren verschiedene **Güter**
> 4 über Flüsse, Seen und Meere, zum Beispiel
> 5 Autos, Lebensmittel oder Werkzeug.
> 6 Manche Schiffe befördern auch **Passagiere,**
> 7 also Fahrgäste. Die meisten Reedereien
> 8 haben ihre Büros in einem Hafen,
> 9 zum Beispiel in Hamburg oder Bremen.
> 10 Dort werden die Fahrten der Schiffe geplant.

8. Was hast du im Sachtext erfahren?
Vervollständige die Sätze.

Eine _____ ist ein Unternehmen,

das Schiffe besitzt und deren Fahrten plant.

Die Schiffe transportieren *G*_____

und manche auch _____.

9. Wo liegt Schottland? Suche es in einem Atlas.

50

Kapitel 9

1 **I**n Hamburg angekommen, kümmerte sich
2 Herr Rickert sehr um Timm. Die beiden wurden
3 Freunde. Herr Rickert half Timm auch dabei,
4 als Schiffsjunge Arbeit zu finden.
5 Das Schiff, auf dem Timm arbeitete, hieß „Delfin".

6 Es war ein Schiff, das Güter transportierte und

7 Passagiere beförderte. Es fuhr von Hamburg

8 nach Genua.

9 Timm sollte zuerst im Speisesaal helfen.

10 Als er dort ankam, sah er einen Mann

11 in einer weißen Jacke. Der Mann deckte gerade

12 den Tisch. Doch plötzlich drehte er sich um und

13 sagte: „Da bist du ja!"

14 Timm war völlig überrascht. Es war

15 Herr Kreschimir, der Mann, den er schon einmal

16 auf der Pferderennbahn getroffen hatte. Jetzt fiel

17 ihm auch ein, an wen ihn dieser Herr Kreschimir

18 erinnerte! Er hatte genauso wasserblaue Augen

19 wie Herr Baron.

20 Herr Kreschimir zeigte Timm seine Kabine.

21 Dann gab er ihm eine weiße Jacke.

22 „Du siehst aus wie ein echter Schiffsjunge", sagte

23 er und lachte freundlich. Aber als er Timms

24 ernstes Gesicht sah, gab er schnell die Anweisung:

25 „An die Arbeit! Geh in die Kombüse und hilf

26 dem Koch!"

27 Bis zum Abend musste Timm in der Schiffsküche

28 Kartoffeln schälen. Später half er

29 Herrn Kreschimir, die Passagiere zu bedienen.

30 Danach wurde er wieder in die Kombüse geschickt

31 und er spülte jede Menge Geschirr.

32 Auf einmal hörte er eine Männerstimme fragen:

33 „Wieso sind Sie auf diesem Schiff?"

34 „Wieso sollte ich nicht hier sein?", fragte

35 Kreschimir. Timm sah die Männer nicht, aber

36 er erkannte Kreschimirs Stimme sofort.

37 „Kommen Sie mit an Deck!"

38 Timm fiel vor Schreck beinahe ein Teller

39 aus der Hand. Die andere Stimme konnte nur

40 Herrn Baron gehören! Timm schlich aus der Küche

41 und folgte den Männern die Treppe hoch.

42 Oben auf Deck versteckte er sich

43 hinter einem Rettungsboot und lauschte weiter.

44 „Das ganze Geld kann doch nicht schon weg sein!",

45 zischte Herr Baron.

46 „Doch, die Bank hat Pleite gemacht, Herr Baron."

47 „Ihr Pech!" Herr Baron lachte.

48 „Aber auch wenn Sie jetzt Geld verdienen müssen,

49 mit dem Jungen sollen Sie nicht zusammen-

50 arbeiten", sagte Herr Baron.

51 Diesmal lachte Kreschimir. „Das können Sie mir

52 nicht verbieten!", rief er.

53 „Reden Sie leiser", zischte Herr Baron.

54 Kreschimir aber sprach laut weiter. „Ich habe Ihnen

55 meine braunen Augen verkauft und Ihre blauen

56 dafür bekommen. Außerdem erhielt ich

57 eine Million Euro. Doch das Geld ist weg!", rief er.

58 „Ich gebe Ihnen noch eine Million und dann

59 verschwinden Sie von hier!", sagte Herr Baron.

60 „Ich will kein Geld. Ich will meine Augen

61 wiederhaben! Oder ich helfe dem Jungen!

62 Was ist, wenn er demnächst eine Wette

63 verliert ...?"

64 Herr Baron unterbrach ihn: „Nun, unter diesen

65 Umständen werde ich –"

66 Timm konnte nicht länger ruhig bleiben. Er sprang

67 hervor und rief: „Geben Sie mir mein ..."

68 Doch da stolperte er über ein Tau und fiel

69 mit dem Kopf gegen den Bug des Rettungsbootes.

Fortsetzung folgt

9

1. Timm arbeitet auf einem Schiff.
Nach welchem Tier ist es benannt?

a) Male das Tier.
Verbinde die Buchstaben des Alphabets
in der richtigen Reihenfolge. Beginne bei „A".

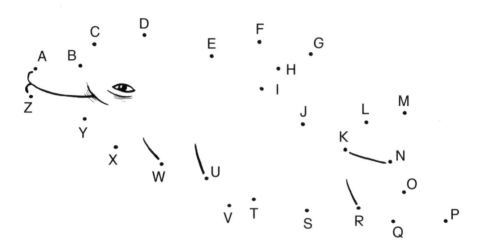

b) Ergänze den Satz.

Das Schiff trägt den Namen _____ .

2. Wohin fährt das Schiff?
Vervollständige den Satz.

Das Schiff fährt von Hamburg in Deutschland

nach _____ in Italien.

55

**3. Auf einem Schiff gibt es verschiedene Räume
und Bereiche.
Wie heißen sie?
Ergänze die fehlenden Buchstaben.
Tipp: Lies noch einmal die Seiten 52 bis 53.**

Die Küche auf einem Schiff heißt

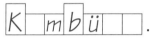 K   m b ü   .

Der vorderste Teil eines Schiffes ist der B   g .

Ein Wohn- und Schlafraum heißt K   b i n .

Das Stockwerk eines Schiffes wird D   c k

genannt.

**4. Welche Arbeiten erledigt Timm?
Schreibe drei vollständige Sätze in dein Heft.**

Timm	bedient	die Kartoffeln.
Er	spült	die Passagiere.
Der Junge	schält	das Geschirr.

5. Auch Herr Kreschimir hat Herrn Baron
   etwas verkauft.
   Was ist es?
   Kreuze an.

   ❑ seine braunen Haare   ❑ seine braunen Augen

6. **Was will Herr Kreschimir von Herrn Baron?**
   Ergänze den Satz.

   Herr Kreschimir will

   _____ .

   noch eine Million Euro / seine braunen Augen zurück

7. **Herr Kreschimir droht Herrn Baron.**
   Was will er tun?
   Ergänze die passenden Namen.

   ┌───┐
   │ Baron / Baron / Timm / Kreschimir / Timm │
   └───┘

   Wenn Herr _____ die braunen Augen
               Wer?

   nicht zurückgibt, will Herr _____
                              Wer?

   _____ helfen, eine Wette zu verlieren.
      Wem?

   Dann müsste Herr _____ _____
                         Wer?   Wem?

   das Lachen zurückgeben.

10

Kapitel 10

1 Ein Gewitter tobte über dem Meer und weckte
2 Timm. Es war mitten in der Nacht. Timms Kopf
3 brummte. Der Junge konnte sich nicht daran
4 erinnern, wie er ins Bett gekommen war.
5 Er stand auf und ging vorsichtig über
6 das schwankende Deck, um Kreschimir

7 zu suchen. Timm wollte mit ihm sprechen.

8 Er vertraute Kreschimir. Verwundert fragte ihn

9 der Steuermann Jonny [sprich: Dschonny]: „Was

10 machst du denn bei diesem Wetter hier oben?"

11 Der Sturm war so laut, dass er schreien musste.

12 „Wo ist Kreschimir?", brüllte Timm.

13 Jonny zog ihn ins Steuerhaus. „Der ist krank,

14 Timm. Er hatte starke Bauchschmerzen. Aber

15 mach dir keine Sorgen. Er ist in einem Boot

16 zur Küste gebracht worden."

17 Timm blieb bei Jonny im trockenen und

18 warmen Steuerhaus. „Ich habe noch nie

19 eine Wette verloren", erzählte er nach einer Weile.

20 „Ich gewinne jede."

21 Jonny warf ihm einen kurzen Blick zu. „Spiel dich

22 nicht auf, Junge! Es gibt Wetten, die kann man

23 einfach nicht gewinnen."

24 „Welche denn?", fragte Timm gespannt.

25 Jonny überlegte. „Ich wüsste eine Wette, die du

26 unmöglich gewinnen kannst, Timm."

27 „Auf diese Wette gehe ich ein, ehe ich sie gehört

28 habe. Wenn ich sie verliere, helfe ich dir

29 bei der Arbeit."

30 „Also, dann wette mit mir, dass du noch heute

31 Abend der reichste Junge der Welt sein wirst."

32 „So reich wie Herr Baron, dem dieses Schiff

33 gehört?", fragte Timm atemlos.

34 „Genau!"

35 Mit lauter Stimme sagte Timm: „Die Wette gilt!"

36 In diesem Moment kam der Kapitän

37 ins Steuerhaus.

38 „Was macht denn der Schiffsjunge hier?", fragte er

39 mürrisch.

40 „Er soll mir eine Tasse Kaffee bringen, Käpten",

41 sagte Jonny.

42 „Dann soll er sich beeilen!"

43 Timm rannte in die Kombüse. Er hätte singen

44 können vor Freude. Die Wette würde er verlieren!

45 Als er mit dem Kaffee zurückkam, sah ihn

46 der Kapitän merkwürdig an.

47 „Du heißt Timm Thaler?"

48 „Ja, Herr Kapitän."

49 „Dann darf ich wohl als Erster meinen Glückwunsch

50 aussprechen", sagte er.

51 Dann las er einen Funkspruch vor:

52 *Herr Baron ist verstorben stopp Timm Thaler*

53 *ist sein Alleinerbe stopp Der Zwillingsbruder*

54 *des Herrn Baron erwartet ihn in Genua stopp*

Fortsetzung folgt

1. Was passiert in der Nacht auf dem Schiff?
Ergänze die passenden Nomen.

> Kopf / Nacht / Meer / Bett /
> Küste / Deck / Steuermann

Ein Gewitter tobt über dem _____ und

weckt Timm. Es ist mitten in der _____.

Timms _____ brummt. Der Junge kann

sich nicht daran erinnern, wie er ins _____

gekommen ist. Er steht auf und geht vorsichtig

über das schwankende _____, um

Kreschimir zu suchen. Da trifft er Jonny,

den _____. Jonny sagt, dass

Kreschimir in einem Boot zur _____

gebracht worden ist.

2. Timm sucht nach einer Wette,
die er auf jeden Fall verlieren wird.
Was könnte er wetten?
Sprecht in der Klasse darüber.

3. Welche Wette schlägt Jonny Timm vor?
Vervollständige den Satz.

Timm soll wetten, dass er noch am selben Abend

der _____ Junge der Welt
<u>schönste / ärmste / klügste / reichste</u>
sein wird.

4. Der Kapitän liest einen Funkspruch vor.
Darin endet jeder Satz mit dem Wort „stopp".
Schreibe den Funkspruch auf die Linien.
Schreibe statt „stopp" einen Punkt am Ende
eines jeden Satzes.
Tipp: Lies noch einmal Seite 60.

_____

_____

_____

_____

5. Was könnte Timm denken,
als er vom Tod des Herrn Baron hört?
Sprecht in der Klasse darüber.

Kapitel 11

1 **I**m Hafen von Genua verließ Timm das Schiff.

2 Bevor er aber in das Boot stieg, das ihn an Land

3 bringen sollte, flüsterte er Jonny zu: „Sprich

4 mit Herrn Rickert. Er leitet in Hamburg

5 eine Reederei für Herrn Baron. Und finde

6 Kreschimir. Er weiß alles. Ich brauche eure Hilfe!"

7 Jonny nickte. „Viel Glück, mein Junge!"

8   Im Hafen von Genua stand ein großes Auto

9   mit sechs Türen. Darin saß ein Herr und wartete

10 auf Timm. Er war der Direktor einer der Firmen, die

11 Timm von Herrn Baron geerbt hatte.

12 Der Direktor und Timm fuhren zu einem Hotel.

13 Als Timm wenig später aus dem Wagen stieg, sah er

14 vor sich eine große Treppe. Auf der obersten Stufe

15 stand ein Mann in einem karierten Anzug und

16 mit einer dunklen Sonnenbrille.

17 „Das ist Herr Baron, der Zwillingsbruder

18 des Verstorbenen", erklärte der Direktor.

19 Der Mann im karierten Anzug kam lachend

20 die Treppe herunter. Er lachte, wie Timm früher

21 gelacht hatte. Es gab anscheinend

22 gar keinen Zwillingsbruder. Herr Baron lebte – und

23 mit ihm Timms Lachen.

24 „Herzlich willkommen, Timm", sagte Herr Baron.

25 „Darf ich dich auf dein Zimmer führen?"

26 Timm nickte und kurz darauf standen sie

27 in einem großen Hotelzimmer.

28 „Deine letzte Wette war ein witziger Einfall!", sagte

29 Herr Baron belustigt.

30 Timm schwieg.

31 „Wolltest du die Wette eigentlich gewinnen oder

32 verlieren?"

33 „Meist schließt man Wetten ab, um sie

34 zu gewinnen", antwortete Timm.

35 „Dann war sie ein großartiger Einfall!"

36 „Finden Sie?", entgegnete Timm. „Ich möchte

37 mich jetzt umziehen. Bitte lassen Sie mich allein",

38 fügte er noch hinzu.

39 Überrascht starrte Herr Baron den Jungen an.

40 Dann lachte er und rief: „Du gewöhnst dich ja

41 schneller an dein neues Leben, als ich dachte!

42 Aber du hast Recht, jetzt sagst du, was gemacht

43 wird! Um sechs Uhr hole ich dich ab. Es gibt

44 eine kleine Feier mit den Direktoren

45 der Reedereien." Während er das Zimmer verließ,

46 lachte er noch einmal schallend.

47 Timm war elend zumute. Verzweifelt dachte er:

48 „Wie kann ich Herrn Baron nur dazu bringen, mir

49 mein Lachen zurückzugeben? Hoffentlich helfen

50 mir meine Freunde!"

Fortsetzung folgt

11

Aufgaben

1. Der Direktor empfängt Timm am Hafen.
   Herr Baron hat ihn beauftragt.
   Was hat Herr Baron wohl gesagt?

a) Lies die Sätze.
   Verfolge dabei den Faden.
   Beginne bei „Timm Thaler ..."

b) Schreibe die Sätze in der richtigen Reihenfolge
   in dein Heft.

„Timm Thaler
kommt heute
mit der Delfin
in Genua an.

Bringen Sie ihn
zum Hotel.

Empfangen Sie
ihn am Hafen.

Dort erwarte ich
den Jungen."

2. Timm verlässt das Schiff.
Was flüstert er Jonny zu?
Vervollständige die Sprechblase.

Sprich mit Herrn _____.

Er leitet in Hamburg eine _____

für Herrn Baron.

Und finde _____.

Er weiß alles.

Ich brauche eure _____!

3. Timm stellt erleichtert fest, dass Herr Baron lebt.
Woran erkennt er ihn?
Kreuze an.

❑ an der Sonnenbrille
❑ am Lachen
❑ an der Stimme

4. Warum ist Timm wohl erleichtert?
Sprecht in der Klasse darüber.

Kapitel 12

1 **V**on Genua aus flog Timm mit Herrn Baron

2 in einem kleinen Privatflugzeug nach Schottland.

3 Herr Baron wollte Timm sein Schloss zeigen.

4 Sie landeten auf einer großen grünen Wiese

5 in Schottland. Ein Wagen brachte sie

6 vom Landeplatz zum Schloss, das hinter

7 einem kleinen Wald lag.

8 „Hier bin ich immer, wenn ich Ruhe brauche",

9 sagte Herr Baron zu Timm. „Das Schloss habe ich

10 vor vielen Jahren einer alten englischen Dame

11 abgekauft. Mir gefallen alte Schlösser.

12 Ich schlage vor, wir bleiben ein paar Tage hier."

13 Timm gefiel der Vorschlag. Er hatte bisher

14 noch nie in einem Schloss gewohnt. Er konnte

15 kaum glauben, dass das alles nun ihm gehörte.

16 Timms Zimmer lag in einem Turm.

17 Vom Fenster aus konnte er die ganze Gegend

18 überblicken. Sogar den Landeplatz sah man.

19 Timm verbrachte die meiste Zeit allein. Er wurde

20 von Tag zu Tag trauriger. Er dachte immer wieder

21 darüber nach, wie er sein Lachen zurückbekommen

22 könnte. Aber er hatte keine Idee.

23 Es war zum Verzweifeln! An einem Nachmittag

24 klingelte das Telefon in Timms Zimmer.

25 „Hier Hamburg. Mit wem spreche ich?", hörte Timm

26 einen Mann fragen.

27 Für einen kurzen Augenblick war er überrascht.

28 Er kannte die Stimme irgendwoher. Dann rief er

29 aufgeregt: „Sind Sie es, Herr Rickert? Hier ist Timm!"

30 „Ja, ich bin's, Timm!", antwortete Herr Rickert.

31 „Mein Gott, Timm, was haben wir für ein Glück!

32 Kreschimir und Jonny waren bei mir. Ich kann dir

33 helfen. Ich weiß jetzt, wie du dein L…"

34 Timm ließ Herrn Rickert nicht ausreden. Er sagte

35 schnell: „Grüßen Sie Jonny und Kreschimir,

36 Herr Rickert! Und bitte helfen Sie mir bald! Ich …"

37 Plötzlich war das Gespräch unterbrochen. Timm

38 drehte sich erschrocken um. Hinter ihm stand

39 Herr Baron. In seiner Aufregung hatte Timm ihn

40 nicht hereinkommen hören.

41 „Du solltest deine Freunde vergessen, Timm", sagte

42 Herr Baron ruhig. „Du bist jetzt sehr reich! Gefühle

43 schaden dir nur."

44 Noch am gleichen Abend kündigte Herr Baron

45 Herrn Rickert. Nun war Herr Rickert nicht mehr

46 der Direktor der Reederei in Hamburg.

Fortsetzung folgt

1. Timm fliegt mit Herrn Baron
von Genua zu einem Schloss in Schottland.
Zeichne die Flugstrecke in die Karte ein.

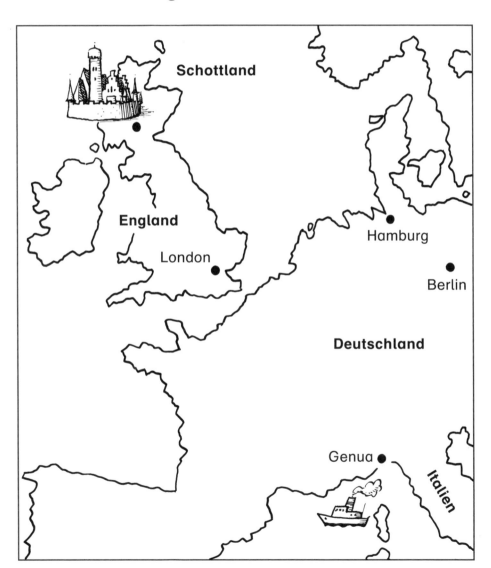

2. Wer ruft Timm in Schottland an?
Vervollständige die Sätze.

> Direktor / Hamburg / Rickert / Schiffsjunge

Herr ——————— ruft Timm an.

Er ist der ——————— einer Reederei

von Herrn Baron. Er hat Timm auf dem Weg

nach ——————— kennen gelernt. Er hat ihm

die Stelle als ——————— besorgt.

3. Herr Rickert sagt am Telefon: „Ich kann dir
helfen. Ich weiß jetzt, wie du dein L..."
Da unterbricht Timm Herrn Rickert.
Was wollte Herr Rickert wohl sagen?
Stellt Vermutungen in der Klasse an.

4. Was rät Herr Baron Timm?
Ergänze die Sätze in der Sprechblase oben
auf Seite 73.
Tipp: Lies noch einmal Seite 70.

5. **Sprecht in der Klasse über diese Fragen:**
   - **Wozu sind Freunde gut?**
   - **Warum möchte Herr Baron wohl, dass Timm seine Freunde vergisst?**

6. **Was macht Herr Baron nach dem Telefongespräch? Kreuze an.**

   ❏ Er kündigt der Telefongesellschaft.
   ❏ Er verkauft das Schloss.
   ❏ Er kündigt Herrn Rickert.
   ❏ Er verkauft die Reederei.

Kapitel 13

1 Timm wollte Herrn Rickert helfen und

2 mit Herrn Baron über die Kündigung sprechen.

3 „Herr Baron ist im Gartenhaus", sagte ein Diener.

4 Also lief Timm durch den Schlossgarten und

5 zum Gartenhaus.

6 „Gut, dass du kommst!", rief Herr Baron, als er

7 Timm sah. „Wir brauchen ein paar Fotos von dir.

8 Es gibt viele Zeitungen, die über dich berichten
9 wollen. Denn du bist jetzt der reichste Junge
10 der Welt."
11 Timm unterbrach Herrn Baron. „Sie haben
12 Herrn Rickert gekündigt! Er ist ein Freund von mir!"
13 „Ich weiß", sagte Herr Baron. „Und jetzt willst du
14 ihm sicher helfen, nicht? Ich mache dir
15 einen Vorschlag: Wenn du ein Jahr lang
16 keinen Kontakt zu deinen Freunden hast, dann
17 erlaube ich dir, Herrn Rickert eine Reederei
18 zu schenken. Einverstanden?"
19 Timm fiel es schwer, auf den Vorschlag
20 einzugehen. Ein Jahr lang seine Freunde nicht
21 sehen oder sprechen? ... Doch er wollte
22 Herrn Rickert gern wieder eine Arbeit verschaffen.
23 Mit einer eigenen Reederei war Herrn Rickert
24 mehr als geholfen. Gern würde er sie Herrn Rickert
25 schenken. Doch solange Timm noch nicht
26 volljährig war, benötigte er dafür die Erlaubnis
27 von Herrn Baron. Also nickte er.
28 „Na, dann komm, Timm. Ich will dich im Garten
29 fotografieren", sagte Herr Baron zufrieden.
30 Timm musste sich vor einen Busch stellen.
31 „Ja, so ist es gut! Und nun sprich mir nach:
32 Ich leihe mir mein Lachen für eine halbe Stunde.
33 Danach gebe ich es wieder zurück.
34 Dies verspreche ich bei meinem Leben."

35 „Ich leihe mir mein Lachen –" Vor Aufregung

36 konnte Timm nicht weitersprechen.

37 „Sprich mir Satz für Satz nach. Das ist einfacher."

38 Herr Baron sagte: „Ich leihe mir mein Lachen

39 für eine halbe Stunde."

40 Timm wiederholte: „Ich leihe mir mein Lachen

41 für eine halbe Stunde."

42 „Danach gebe ich mein Lachen wieder zurück!"

43 „Danach gebe ich mein Lachen wieder zurück!"

44 „Dies verspreche ich bei meinem Leben!"

45 „Dies verspreche ich bei meinem Leben!"

46 Kaum hatte Timm den letzten Satz zu Ende

47 gesprochen, musste er laut lachen. Es war

48 ein wunderbares Gefühl! Und Herr Baron machte

49 mehrere Fotos vom lachenden Timm.

Fortsetzung folgt

1. **Timm möchte Herrn Rickert helfen.**
   Was schlägt Herr Baron Timm vor?
   Vervollständige die Sprechblase.

   > Freunden / dann / ein Jahr lang / schenken

   Wenn du _____ keinen Kontakt

   zu deinen _____ hast,

   _____ erlaube ich dir, Herrn Rickert

   die Reederei zu _____ .

2. **Timm soll den Kontakt zu seinen Freunden**
   abbrechen.
   Warum will Herr Baron das wohl?
   Unterstreiche die passende Antwort farbig.

   Herr Baron will Timm schützen.
   Er befürchtet, dass die Freunde Timm
   enttäuschen könnten.

   Herr Baron will sich selbst schützen.
   Er befürchtet, dass die Freunde Timm helfen,
   sein Lachen wiederzubekommen.

3. Stell dir vor, du darfst ein Jahr lang
keinen Kontakt zu deinen Freunden haben.
Würdest du die Freunde vermissen?
Wie würdest du dich fühlen?
Beantworte die Frage mit vollständigen Sätzen.

Ich würde meine Freunde _____

_____ .

Ich würde _____

_____ .

4. Warum gibt Herr Baron Timm das Lachen
für eine halbe Stunde zurück?
Vervollständige den Satz.

Herr Baron will von Timm ein Foto für die Zeitung

machen, auf dem Timm _____

ängstlich / ernst / fröhlich

aussehen soll.

5. Timm muss Herrn Baron etwas versprechen.
Was genau muss er ihm versprechen?
Schreibe die Sätze in dein Heft.
Tipp: Lies noch einmal Seite 75.

Kapitel 14

1 **H**err Baron unternahm mit Timm eine Weltreise.
2 Timm sollte erfahren, in welchen Ländern er
3 überall Firmen hatte.
4 Ihre erste Station war Istanbul. Danach flogen sie
5 nach Athen, Rom, Paris und Kopenhagen.
6 Sie flogen nach Kairo, Kapstadt und Tokio und
7 sie besuchten Moskau und Warschau.
8 Nach einem Jahr flogen sie zurück
9 nach Deutschland. Sie landeten in Hamburg.

14

10 Diesmal erwartete sie aber kein Fahrer mit Wagen
11 vor dem Flughafen.
12 Das kam Timm seltsam vor. Ob wohl nicht
13 bekannt werden sollte, dass Timm und Herr Baron
14 in der Stadt waren?
15 Die beiden stiegen in ein Taxi.
16 „Bringen Sie uns zum Hotel Vier Jahreszeiten",
17 sagte Herr Baron zu dem Taxifahrer. Und als
18 das Auto losfuhr, wandte er sich an Timm. „Willst
19 du Herrn Rickert die Reederei immer noch
20 schenken?", fragte er. „Oder hast du dich
21 mittlerweile an den Reichtum gewöhnt und
22 möchtest ihn lieber für dich behalten?" Herr Baron
23 hoffte, dass Timm seine Freunde gleichgültig
24 geworden waren.
25 „Natürlich werde ich Herrn Rickert die Reederei
26 schenken, Herr Baron. Er hat ein Jahr lang
27 keine Arbeit gehabt und kann Hilfe gebrauchen",
28 sagte Timm ruhig und bestimmt.
29 Plötzlich geriet das Auto leicht ins Schlingern.
30 „Geben Sie doch Acht!", schrie Herr Baron.
31 „Entschuldigung", brummte der Fahrer.
32 Timm war, als ob er die Stimme des Fahrers
33 kannte. Er beugte sich ein wenig vor, um
34 das Gesicht des Fahrers zu sehen. Aber ein Bart,
35 eine Sonnenbrille und eine Kappe verdeckten es
36 fast völlig.

37 „Na, will der junge Herr bei der Reederei

38 als Schiffsjunge anfangen?", fragte

39 der Taxifahrer.

40 „Aber nein, dem jungen Mann gehört die Reederei",

41 sagte Herr Baron.

42 Timm aber hielt vor Aufregung die Luft an.

43 Das war Jonnys Stimme. Sein Freund hatte ihn

44 also gefunden!

45 Kurz darauf hielt das Taxi vor dem Hotel

46 Vier Jahreszeiten. Der Fahrer stieg aus und

47 öffnete die hintere Tür. Als Herr Baron

48 zum Hoteleingang ging, flüsterte Timm: „Jonny,

49 ich weiß, dass du es bist."

50 Jonny nahm die Sonnenbrille ab und lächelte

51 Timm an. Dann setzte er die Brille wieder auf,

52 sagte laut: „Auf Wiedersehen!", und gab Timm

53 die Hand. Dabei überreichte er Timm heimlich

54 einen kleinen Zettel mit einer Nachricht.

Fortsetzung folgt

1. Herr Baron macht mit Timm eine Weltreise.
   Sie reisen in zehn verschiedene Städte.
   Schreibe die Städtenamen untereinander
   auf die Linien links.
   Tipp: Lies noch einmal Seite 79.

   Istanbul _____ : _____

   _____ : _____

   _____ : _____

   _____ : _____

   _____ : _____

   _____ : _____

   _____ : _____

   _____ : _____

   _____ : _____

   _____ : _____

2. In welchen Ländern liegen die Städte?

a) Suche die Städte im Atlas.

b) Schreibe in Aufgabe 1 zu jeder Stadt
   den Namen des Landes.

3. **Timm ist nun schon seit über einem Jahr
sehr reich.**
Was hofft Herr Baron?
Schreibe vier vollständige Sätze in dein Heft.
Beginne die Sätze so:

Herr Baron hofft, dass Timm ...
Er hofft auch, dass ...
Er möchte, dass ...
Er hofft außerdem, dass ...

> sich mittlerweile an den Reichtum gewöhnt hat /
> nichts von seinem Reichtum abgeben möchte /
> seine Freunde gleichgültig geworden sind /
> sein Lachen nicht mehr zurückhaben möchte

4. **Timm erkennt den Taxifahrer
trotz der Verkleidung.**

a) **Wer ist der Fahrer?**
Kreuze an.

❑ Herr Kreschimir   ❑ Herr Rickert   ❑ Jonny

b) **Woran hat Timm ihn erkannt?**
Kreuze an.

❑ am Bart   ❑ an der Stimme
❑ an der Nase

5. Der Fahrer will nicht erkannt werden.
   Was trägt er?
   Male die Verkleidung.
   Tipp: Lies noch einmal ab Seite 80, Zeile 34.

6. Jonny überreicht Timm heimlich einen Zettel
   mit einer Nachricht.
   Was könnte auf dem Zettel stehen?

a) Stellt Vermutungen in der Klasse an.

b) Sammelt mögliche Nachrichten an der Tafel.

c) Wählt eine mögliche Nachricht aus.
   Schreibt sie auf die Linien.

_____

_____

_____

Kapitel 15

1 **I**m Hotel verschwand Timm sofort im Badezimmer
2 seines Zimmers und schloss die Tür ab. Sein Herz
3 klopfte laut. Vorsichtig faltete er den Zettel
4 auseinander. Er las:
5 *Dein Wunsch kann erfüllt werden. Nimm das Taxi,*
6 *das du eben verlassen hast. Es bewacht das Haus*
7 *der Räte. Wähle die Mitte der Nacht.*
8 Aufgeregt las Timm die Nachricht noch einmal.

9 Seinen Wunsch kannte er: Er wollte endlich und

10 für immer sein Lachen zurückhaben. Das Taxi,

11 das er eben verlassen hatte, war das Taxi

12 von Jonny gewesen. Aber wo war das Haus

13 der Räte? Timm dachte angestrengt nach. Dann

14 hatte er eine Idee.

15 Es konnte nur das Rathaus von Hamburg gemeint

16 sein. Es lag ganz in der Nähe des Hotels,

17 das wusste Timm. Dort würde Jonny also auf ihn

18 warten. Aber wann? Timm las noch einmal

19 die letzte Zeile der Nachricht.

20 *Wähle die Mitte der Nacht.*

21 „Mitte der Nacht, Mitte der Nacht", flüsterte Timm.

22 „Mitternacht", schoss es ihm plötzlich

23 durch den Kopf. Das musste gemeint sein.

24 Timm war erleichtert. Er hatte

25 die geheime Nachricht entschlüsselt. Er war so

26 glücklich, dass er am liebsten gelacht hätte.

27 Seine Freunde hatten ihn nicht vergessen.

28 Und auf einmal gingen seine Mundwinkel

29 ganz leicht nach oben.

30 Während Timm die Nachricht entschlüsselte,

31 war Herr Baron in seinem Zimmer. Plötzlich

32 bemerkte er, dass seine Mundwinkel komisch

33 zuckten. Er wollte darüber lachen, aber es gelang

34 ihm nicht richtig.

35 Herr Baron bekam plötzlich schreckliche Angst.

36 Er wollte Timms Lachen auf keinen Fall verlieren.

37 Der Gedanke beunruhigte ihn sehr. Er sprang auf

38 und rannte in Timms Zimmer. Er riss die Tür auf,

39 doch das Zimmer war leer. Im Badezimmer suchte

40 Herr Baron jedoch nicht. Er lief aufgeregt

41 in die Eingangshalle hinunter. Doch auch hier war

42 Timm nicht. Herr Baron eilte auf die Straße

43 ins Freie. Wo konnte Timm nur sein? Herr Baron

44 wollte die Straße überqueren, achtete

45 vor Aufregung aber nicht auf den Verkehr.

46 Als er plötzlich das Auto vor sich sah, war es

47 schon zu spät. Herr Baron wurde von dem Auto

48 angefahren.

49 Ein Krankenwagen brachte ihn ins Krankenhaus.

50 Doch auch im Krankenhausbett hatte er noch Angst

51 um sein Lachen. Er bestellte einen Detektiv zu sich.

52 „Finden Sie den Jungen und lassen Sie ihn nicht

53 aus den Augen. Er darf sich auf keinen Fall

54 mit seinen Freunden treffen! Haben Sie

55 verstanden?"

56 Der Detektiv nickte.

Fortsetzung folgt

1. Timm entschlüsselt die geheime Nachricht
   auf dem Zettel.
   Was bedeutet welcher Satz?
   Verbinde die passenden Satzpaare.

Dein Wunsch kann erfüllt werden.	Nimm das Taxi, das Jonny fährt.
Nimm das Taxi, das du eben verlassen hast.	Du bekommst dein Lachen zurück.
Es bewacht das Haus der Räte.	Sei um Mitternacht dort.
Wähle die Mitte der Nacht.	Das Taxi steht vor dem Rathaus.

2. **Was passiert, als Timm vor Erleichterung**
   lachen möchte?
   Tipp: Lies noch einmal Seite 86.

   Timms Mundwinkel _____

   _____ .

3. Herr Baron sucht Timm.
Was passiert der Reihe nach?

a) Nummeriere die Sätze
in der richtigen Reihenfolge.

☐ Weil er den Jungen dort nicht findet,
läuft er in die Eingangshalle hinunter.

☐ Herr Baron rennt in Timms Zimmer.

☐ Ein Krankenwagen bringt Herrn Baron
ins Krankenhaus.

☐ Er achtet vor Aufregung nicht auf den Verkehr.

☐ Dann eilt er auf die Straße ins Freie.

☐ Als er plötzlich das Auto vor sich sieht,
ist es schon zu spät. Herr Baron wird
von dem Auto angefahren.

b) Schreibe die Sätze in der richtigen Reihenfolge
in dein Heft.

4. Herr Baron erteilt einem Detektiv einen Auftrag.
Was sagt er zu dem Detektiv?
Schreibe die wörtliche Rede ab.
Du findest sie auf Seite 87.
Beginne so:
Herr Baron sagt zu dem Detektiv: „..."

Kapitel 16

1 **T**imm hörte von dem Unfall. Er kümmerte sich
2 aber nicht darum und bereitete sich auf das Treffen
3 mit seinen Freunden vor.
4 Am frühen Abend bestellte er das Zimmermädchen
5 zu sich und fragte:
6 „Können Sie mir eine Jeans,
7 einen alten Rollkragenpullover, eine Mütze
8 und eine Sonnenbrille besorgen?"
9 Das Zimmermädchen sah Timm überrascht an.

10 „Bitte", sagte Timm. „Ich brauche diese Dinge

11 ganz dringend. Man darf mich nicht erkennen!"

12 „Verkleiden Sie sich, weil dieser Mann draußen

13 steht und Ihr Zimmer beobachtet?", fragte

14 das Zimmermädchen.

15 „Draußen steht ein Mann, der mein Zimmer

16 beobachtet?" Timm hatte geahnt, dass Herr Baron

17 ihn bewachen ließ.

18 Das Zimmermädchen nickte. Der Auftrag gefiel

19 dem Mädchen. Endlich war mal etwas los im Hotel.

20 Es versprach, die Sachen von einem Freund

21 zu besorgen, und verließ das Zimmer.

22 Wenige Stunden später hatte Timm alle Sachen

23 und zog sich um. Er war nicht wiederzuerkennen.

24 Nun musste er nur noch unbemerkt das Haus

25 verlassen.

26 Er rief das Zimmermädchen erneut.

27 „Würden Sie etwas Theater für mich spielen?",

28 fragte er es.

29 Das Zimmermädchen nickte aufgeregt: „Um was

30 handelt es sich denn?"

31 „Der Mann vor meiner Tür … Können Sie ihn

32 ablenken?" Timm legte ein leeres Stück Papier

33 in einen Briefumschlag.

34 Das Zimmermädchen zögerte nur kurz und nickte.

35 „Nehmen Sie diesen Brief. Wenn der Mann

36 nach dem Brief fragt, dann tun Sie so, als ob Sie

16

37 den Brief nicht zeigen dürften. Gehen Sie schnell
38 weiter. Der Mann wird Ihnen folgen und Ihnen
39 Geld bieten, damit er den Brief lesen kann.
40 Sie müssen ihn nur ein wenig aufhalten, damit ich
41 mein Zimmer verlassen kann. Dann kann er
42 den Brief natürlich haben."
43 Das Zimmermädchen nahm den Brief und
44 verschwand.
45 Timm wartete kurz, dann verließ er das Hotel
46 über die Hintertreppe.

47 Pünktlich um Mitternacht war Timm am Rathaus.
48 Vor dem großen Gebäude standen mehrere Taxis.
49 Eines hatte den Motor laufen. Timm öffnete
50 die Tür und setzte sich neben Jonny, der
51 auf dem Fahrersitz saß.
52 Jonny sagte: „Entschuldigen Sie, ich warte
53 auf einen ganz bestimmten Fahrgast. Nehmen Sie
54 das nächste Taxi."
55 „Wartest du nicht auf mich?", erwiderte Timm.
56 Jonny riss die Augen auf. „Timm, du bist das?
57 Ist dir jemand gefolgt?"
58 „Ich glaube nicht."
59 Jonny fuhr sofort los in Richtung Hafenviertel.
60 Nach einer Weile warf er einen Blick
61 in den Rückspiegel. Ein Auto schien ihnen
62 zu folgen. Jonny fuhr schneller. Plötzlich bremste

16

63 er hart. Das andere Auto schoss an ihnen vorbei.

64 „Komm mit!", brüllte Jonny.

65 Sie liefen über die Straße und eine steile Treppe

66 hinunter, krochen durch ein Gebüsch und

67 sprangen über eine Mauer. Am Ende einer

68 weiteren Treppe hielt er an und pfiff.

69 „Kreschimir will mit dir wetten", sagte Jonny.

70 Aus dem Dunkel traten zwei Gestalten hervor:

71 Herr Kreschimir und Herr Rickert.

72 Herr Kreschimir sagte ganz ruhig: „Ich wette

73 um einen Cent, dass du dein Lachen nicht

74 zurückbekommst, Timm."

75 „Dann wette ich …"

76 „Halt!", schrie jemand. Es konnte sich nur

77 um den Detektiv handeln.

78 „Macht weiter, schnell!", sagte Herr Rickert.

79 „Dann wette ich um einen Cent, dass ich

80 mein Lachen zurückbekomme", sagte Timm

81 zu Kreschimir.

82 Es war ganz still. Timm sah zu Boden. Er spürte

83 die fragenden Blicke der anderen. Plötzlich fing er

84 an, gleichzeitig zu lachen und zu weinen.

85 Er wischte sich mit dem Handrücken die Tränen

86 aus dem Gesicht und lachte immer weiter.

87 Er war sehr glücklich, sein Lachen endlich

88 wiederzuhaben.

Ende

1. **Timm will seine Freunde treffen.**
   Was geschieht?
   Welche Sätze sind richtig?
   Welche Sätze sind falsch?
   Kreuze an.

	richtig	falsch
Das Zimmermädchen besorgt Timm heimlich Kleidung.	❏	❏
Timm verkleidet sich als Putzfrau.	❏	❏
Das Mädchen lenkt den Detektiv ab.	❏	❏
Timm verlässt das Hotel über die Hintertreppe.	❏	❏

2. **Wen treffen Timm und Jonny?**
   Kreuze die beiden richtigen Namen an.

   ❏ Herrn Rickert   ❏ Herrn Baron
   ❏ Herrn Kreschimir

3. **Herr Kreschimir schlägt Timm eine Wette vor.**
   Was wettet er? Was wettet Timm?
   Schreibt die Wette an die Tafel.
   Tipp: Lest noch einmal Seite 93.

4. Timm kann sicher sein, dass er sein Lachen zurückbekommt. Warum?

a) Lies die beiden Sätze am Faden.
Verfolge die Fäden von oben nach unten.
Lies dabei die einzelnen Satzteile.
Beginne bei „Wenn Timm ...".

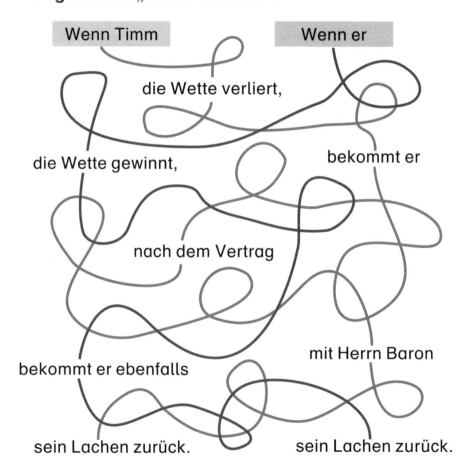

b) Schreibe die beiden Sätze in dein Heft.

95

5. Die Geschichte von Timm Thaler hat James Krüss geschrieben.
Lies den folgenden Sachtext.

Über den Autor

1 **James Krüss** war
2 ein Schriftsteller.
3 Er wurde am 31.5.1926
4 auf der Insel Helgoland
5 geboren. Er starb am 2.8.1997
6 auf der Insel Gran Canaria.
7 James Krüss hat viele
8 Geschichten und Gedichte
9 für Kinder und Jugendliche
10 geschrieben.

6. Was war James Krüss von Beruf? Kreuze an.

❏ Seemann   ❏ Taxifahrer   ❏ Schriftsteller

7. Wie alt wurde James Krüss?

a) Rechne: 1997 − 1926 = ☐

b) Vervollständige den Satz.

James Krüss wurde ☐ Jahre alt.